Ce carnet appartient à

Mes films à regarder

Films	Évaluation
1 _____ ☐	☆☆☆☆☆
2 _____ ☐	☆☆☆☆☆
3 _____ ☐	☆☆☆☆☆
4 _____ ☐	☆☆☆☆☆
5 _____ ☐	☆☆☆☆☆
6 _____ ☐	☆☆☆☆☆
7 _____ ☐	☆☆☆☆☆
8 _____ ☐	☆☆☆☆☆
9 _____ ☐	☆☆☆☆☆
10 _____ ☐	☆☆☆☆☆
11 _____ ☐	☆☆☆☆☆
12 _____ ☐	☆☆☆☆☆
13 _____ ☐	☆☆☆☆☆
14 _____ ☐	☆☆☆☆☆
15 _____ ☐	☆☆☆☆☆
16 _____ ☐	☆☆☆☆☆
17 _____ ☐	☆☆☆☆☆
18 _____ ☐	☆☆☆☆☆
19 _____ ☐	☆☆☆☆☆
20 _____ ☐	☆☆☆☆☆

☆☆☆☆☆ J'adore ! A regarder de nouveau
☆☆☆☆ J'ai aimé !
☆☆☆ Pas mal
☆☆ Très décevant, je n'ai pas aimé
☆ Horrible !

Films	Évaluation
21 _____ ☐	☆☆☆☆☆
22 _____ ☐	☆☆☆☆☆
23 _____ ☐	☆☆☆☆☆
24 _____ ☐	☆☆☆☆☆
25 _____ ☐	☆☆☆☆☆
26 _____ ☐	☆☆☆☆☆
27 _____ ☐	☆☆☆☆☆
28 _____ ☐	☆☆☆☆☆
29 _____ ☐	☆☆☆☆☆
30 _____ ☐	☆☆☆☆☆
31 _____ ☐	☆☆☆☆☆
32 _____ ☐	☆☆☆☆☆
33 _____ ☐	☆☆☆☆☆
34 _____ ☐	☆☆☆☆☆
35 _____ ☐	☆☆☆☆☆
36 _____ ☐	☆☆☆☆☆
37 _____ ☐	☆☆☆☆☆
38 _____ ☐	☆☆☆☆☆
39 _____ ☐	☆☆☆☆☆
40 _____ ☐	☆☆☆☆☆

Fiche Film

- 🎬 **Titre**
- 🎬 **Réalisateur/trice**
- 🎭 **Genre(s)**
- 📅 **Année**
- ⏱ **Durée**
- 👥 **Acteurs/trices**
- 🏅 **Récompense(s)**

RÉSUMÉ

INFOS COMPLÉMENTAIRES

Je regarde :
- ☐ Seul(e) ☐ En couple ☐ En famille
- ☐ Entre amis

En :
- ☐ VO   ☐ VF   ☐ V.........

J'ai regardé le film :
- ☐ Au cinéma   ☐ OCS
- ☐ Disney +   ☐ Prime vidéo
- ☐ My canal   ☐ Salto
- ☐ Netflix   ☐ Autre :

Notes :

COURBE DE TENSION

TENSION
5
4
3
2
1 → SECTION

INTRODUCTION | PARTIE PRINCIPALE | CONCLUSION

ÉVALUATION

👥 Personnages	☆☆☆☆☆
📄 Scénario	☆☆☆☆☆
🎵 Musique	☆☆☆☆☆
✨ Effets spéciaux	☆☆☆☆☆
🎭 Décors & costumes	☆☆☆☆☆
🤲 Note globale	☆☆☆☆☆

Vos impressions et réflexions sur le film :

🎞️ Titre	
🎬 Réalisateur/trice	📅 Année
🎭 Genre(s)	⏱️ Durée
🎖️ Acteurs/trices	
🏅 Récompense(s)	

RÉSUMÉ

___

INFOS COMPLÉMENTAIRES

Je regarde :
- ☐ Seul(e) ☐ En couple ☐ En famille
- ☐ Entre amis

En :
- ☐ VO   ☐ VF   ☐ V………

J'ai regardé le film :
- ☐ Au cinéma   ☐ OCS
- ☐ Disney +   ☐ Prime vidéo
- ☐ My canal   ☐ Salto
- ☐ Netflix   ☐ Autre :

Notes :

COURBE DE TENSION

TENSION
5
4
3
2
1
→ SECTION

INTRODUCTION | PARTIE PRINCIPALE | CONCLUSION

ÉVALUATION

👥 Personnages	☆☆☆☆☆
📜 Scénario	☆☆☆☆☆
🎵 Musique	☆☆☆☆☆
✨ Effets spéciaux	☆☆☆☆☆
🎭 Décors & costumes	☆☆☆☆☆
🙌 Note globale	☆☆☆☆☆

Vos impressions et réflexions sur le film :

🎬 Titre

🎬 Réalisateur/trice	📅 Année
🎭 Genre(s)	⏱ Durée
🕵 Acteurs/trices	
🏅 Récompense(s)	

RÉSUMÉ

INFOS COMPLÉMENTAIRES

Je regarde :
- ☐ Seul(e) ☐ En couple ☐ En famille
- ☐ Entre amis

En :
- ☐ VO   ☐ VF   ☐ V.........

J'ai regardé le film :
- ☐ Au cinéma   ☐ OCS
- ☐ Disney +   ☐ Prime vidéo
- ☐ My canal   ☐ Salto
- ☐ Netflix   ☐ Autre :

Notes :

COURBE DE TENSION

TENSION
5
4
3
2
1
→ SECTION

INTRODUCTION | PARTIE PRINCIPALE | CONCLUSION

ÉVALUATION

👥 Personnages	☆☆☆☆☆
📜 Scénario	☆☆☆☆☆
🎵 Musique	☆☆☆☆☆
✨ Effets spéciaux	☆☆☆☆☆
🎭 Décors & costumes	☆☆☆☆☆
🏆 Note globale	☆☆☆☆☆

Vos impressions et réflexions sur le film :

Fiche Film

- 🎞️ **Titre**
- 🎬 **Réalisateur/trice**
- 📅 **Année**
- 🎭 **Genre(s)**
- ⏱️ **Durée**
- 👤 **Acteurs/trices**
- 🏅 **Récompense(s)**

RÉSUMÉ

INFOS COMPLÉMENTAIRES

Je regarde :
- ☐ Seul(e) ☐ En couple ☐ En famille
- ☐ Entre amis

En :
- ☐ VO ☐ VF ☐ V.........

J'ai regardé le film :
- ☐ Au cinéma ☐ OCS
- ☐ Disney + ☐ Prime vidéo
- ☐ My canal ☐ Salto
- ☐ Netflix ☐ Autre :

Notes :

COURBE DE TENSION

TENSION

5
4
3
2
1

INTRODUCTION | PARTIE PRINCIPALE | CONCLUSION

→ SECTION

ÉVALUATION

👥 Personnages	☆☆☆☆☆
📜 Scénario	☆☆☆☆☆
🎵 Musique	☆☆☆☆☆
✨ Effets spéciaux	☆☆☆☆☆
🎭 Décors & costumes	☆☆☆☆☆
🙌 Note globale	☆☆☆☆☆

Vos impressions et réflexions sur le film :

🎞️ Titre	
🎬 Réalisateur/trice	📅 Année
🎭 Genre(s)	⏱️ Durée
👤 Acteurs/trices	
🏅 Récompense(s)	

RÉSUMÉ

INFOS COMPLÉMENTAIRES

Je regarde :
- ☐ Seul(e) ☐ En couple ☐ En famille
- ☐ Entre amis

En :
- ☐ VO ☐ VF ☐ V.........

J'ai regardé le film :
- ☐ Au cinéma ☐ OCS
- ☐ Disney + ☐ Prime vidéo
- ☐ My canal ☐ Salto
- ☐ Netflix ☐ Autre :

Notes :

COURBE DE TENSION

TENSION
- 5
- 4
- 3
- 2
- 1

INTRODUCTION | PARTIE PRINCIPALE | CONCLUSION → SECTION

ÉVALUATION

👥 Personnages	☆☆☆☆☆
📜 Scénario	☆☆☆☆☆
🎵 Musique	☆☆☆☆☆
✨ Effets spéciaux	☆☆☆☆☆
🎭 Décors & costumes	☆☆☆☆☆
🤲 Note globale	☆☆☆☆☆

Vos impressions et réflexions sur le film :

- 🎬 Titre
- 🎬 Réalisateur/trice
- 📅 Année
- 🎭 Genre(s)
- ⏱️ Durée
- 👨‍🎤 Acteurs/trices
- 🏅 Récompense(s)

RÉSUMÉ

INFOS COMPLÉMENTAIRES

Je regarde :
- ☐ Seul(e) ☐ En couple ☐ En famille
- ☐ Entre amis

En :
- ☐ VO ☐ VF ☐ V.........

J'ai regardé le film :
- ☐ Au cinéma ☐ OCS
- ☐ Disney + ☐ Prime vidéo
- ☐ My canal ☐ Salto
- ☐ Netflix ☐ Autre :

Notes :

COURBE DE TENSION

TENSION
5
4
3
2
1
→ SECTION

INTRODUCTION | PARTIE PRINCIPALE | CONCLUSION

ÉVALUATION

- 👥 Personnages ☆☆☆☆☆
- 📜 Scénario ☆☆☆☆☆
- 🎵 Musique ☆☆☆☆☆
- ✨ Effets spéciaux ☆☆☆☆☆
- 🎭 Décors & costumes ☆☆☆☆☆
- 🏆 Note globale ☆☆☆☆☆

Vos impressions et réflexions sur le film :

🎞️ Titre		
🎬 Réalisateur/trice		📅 Année
🎭 Genre(s)		⏱️ Durée
🎩 Acteurs/trices		
🏅 Récompense(s)		

RÉSUMÉ

_____
_____
_____
_____
_____

INFOS COMPLÉMENTAIRES

Je regarde :
☐ Seul(e) ☐ En couple ☐ En famille
☐ Entre amis

En :
☐ VO   ☐ VF   ☐ V.........

J'ai regardé le film :
☐ Au cinéma   ☐ OCS
☐ Disney +   ☐ Prime vidéo
☐ My canal   ☐ Salto
☐ Netflix   ☐ Autre :

Notes :
_____
_____

COURBE DE TENSION

TENSION
5
4
3
2
1
INTRODUCTION | PARTIE PRINCIPALE | CONCLUSION
→ SECTION

ÉVALUATION

👥 Personnages	☆☆☆☆☆
📜 Scénario	☆☆☆☆☆
🎵 Musique	☆☆☆☆☆
✨ Effets spéciaux	☆☆☆☆☆
🎭 Décors & costumes	☆☆☆☆☆
🤲 Note globale	☆☆☆☆☆

Vos impressions et réflexions sur le film :

Fiche film

- 🎬 **Titre**
- 🎬 **Réalisateur/trice**
- 📅 **Année**
- 🎭 **Genre(s)**
- ⏱ **Durée**
- 👨‍🎤 **Acteurs/trices**
- 🏅 **Récompense(s)**

RÉSUMÉ

_____
_____
_____
_____

INFOS COMPLÉMENTAIRES

Je regarde :
- ☐ Seul(e) ☐ En couple ☐ En famille
- ☐ Entre amis

En :
- ☐ VO   ☐ VF   ☐ V.........

J'ai regardé le film :
- ☐ Au cinéma   ☐ OCS
- ☐ Disney +   ☐ Prime vidéo
- ☐ My canal   ☐ Salto
- ☐ Netflix   ☐ Autre :

Notes :

COURBE DE TENSION

TENSION
5
4
3
2
1
INTRODUCTION | PARTIE PRINCIPALE | CONCLUSION → SECTION

ÉVALUATION

👥 Personnages	☆☆☆☆☆
📜 Scénario	☆☆☆☆☆
🎵 Musique	☆☆☆☆☆
✨ Effets spéciaux	☆☆☆☆☆
🎭 Décors & costumes	☆☆☆☆☆
🤲 Note globale	☆☆☆☆☆

Vos impressions et réflexions sur le film :

- 🎞️ Titre
- 🎬 Réalisateur/trice
- 📅 Année
- 🎭 Genre(s)
- ⏱️ Durée
- 👤 Acteurs/trices
- 🏅 Récompense(s)

RÉSUMÉ

INFOS COMPLÉMENTAIRES

Je regarde :
☐ Seul(e) ☐ En couple ☐ En famille
☐ Entre amis

En :
☐ VO   ☐ VF   ☐ V………

J'ai regardé le film :
☐ Au cinéma   ☐ OCS
☐ Disney +   ☐ Prime vidéo
☐ My canal   ☐ Salto
☐ Netflix   ☐ Autre :

Notes :

COURBE DE TENSION

TENSION
5
4 INTRODUCTION | PARTIE PRINCIPALE | CONCLUSION
3
2
1 → SECTION

ÉVALUATION

👥 Personnages	☆☆☆☆☆
📜 Scénario	☆☆☆☆☆
🎵 Musique	☆☆☆☆☆
✨ Effets spéciaux	☆☆☆☆☆
🎭 Décors & costumes	☆☆☆☆☆
🤲 Note globale	☆☆☆☆☆

Vos impressions et réflexions sur le film :

🎞️ Titre	
🎬 Réalisateur/trice	📅 Année
🎭 Genre(s)	⏱️ Durée
🎩 Acteurs/trices	
🏅 Récompense(s)	

RÉSUMÉ

INFOS COMPLÉMENTAIRES

Je regarde :

☐ Seul(e) ☐ En couple ☐ En famille
☐ Entre amis

En :
☐ VO ☐ VF ☐ V.........

J'ai regardé le film :

☐ Au cinéma ☐ OCS
☐ Disney + ☐ Prime vidéo
☐ My canal ☐ Salto
☐ Netflix ☐ Autre :

Notes :

COURBE DE TENSION

TENSION
5
4
3
2
1
INTRODUCTION | PARTIE PRINCIPALE | CONCLUSION
→ SECTION

ÉVALUATION

👥 Personnages	☆☆☆☆☆
📜 Scénario	☆☆☆☆☆
🎵 Musique	☆☆☆☆☆
✨ Effets spéciaux	☆☆☆☆☆
🎭 Décors & costumes	☆☆☆☆☆
👐 Note globale	☆☆☆☆☆

Vos impressions et réflexions sur le film :

Titre

Réalisateur/trice — **Année**

Genre(s) — **Durée**

Acteurs/trices

Récompense(s)

RÉSUMÉ

INFOS COMPLÉMENTAIRES

Je regarde :
- [ ] Seul(e) [ ] En couple [ ] En famille
- [ ] Entre amis

En :
- [ ] VO   [ ] VF   [ ] V.........

J'ai regardé le film :
- [ ] Au cinéma [ ] OCS
- [ ] Disney +   [ ] Prime vidéo
- [ ] My canal   [ ] Salto
- [ ] Netflix   [ ] Autre :

Notes :

COURBE DE TENSION

TENSION
5
4
3
2
1
→ SECTION

INTRODUCTION | PARTIE PRINCIPALE | CONCLUSION

ÉVALUATION

Personnages	☆☆☆☆☆
Scénario	☆☆☆☆☆
Musique	☆☆☆☆☆
Effets spéciaux	☆☆☆☆☆
Décors & costumes	☆☆☆☆☆
Note globale	☆☆☆☆☆

Vos impressions et réflexions sur le film :

- 🎬 Titre
- 🎬 Réalisateur/trice
- 📅 Année
- 🎭 Genre(s)
- ⏱ Durée
- 👤 Acteurs/trices
- 🏅 Récompense(s)

RÉSUMÉ

INFOS COMPLÉMENTAIRES

Je regarde :
- ☐ Seul(e) ☐ En couple ☐ En famille
- ☐ Entre amis

En :
- ☐ VO   ☐ VF   ☐ V.........

J'ai regardé le film :
- ☐ Au cinéma   ☐ OCS
- ☐ Disney +   ☐ Prime vidéo
- ☐ My canal   ☐ Salto
- ☐ Netflix   ☐ Autre :

Notes :

COURBE DE TENSION

TENSION
5
4
3
2
1
INTRODUCTION | PARTIE PRINCIPALE | CONCLUSION → SECTION

ÉVALUATION

👥 Personnages	☆☆☆☆☆
📜 Scénario	☆☆☆☆☆
🎵 Musique	☆☆☆☆☆
✨ Effets spéciaux	☆☆☆☆☆
🎭 Décors & costumes	☆☆☆☆☆
🖐 Note globale	☆☆☆☆☆

Vos impressions et réflexions sur le film :

🎬 Titre	
🎬 Réalisateur/trice	📅 Année
🎭 Genre(s)	⏱ Durée
👤 Acteurs/trices	
🏅 Récompense(s)	

RÉSUMÉ

INFOS COMPLÉMENTAIRES

Je regarde :
- ☐ Seul(e) ☐ En couple ☐ En famille
- ☐ Entre amis

En :
- ☐ VO ☐ VF ☐ V.........

J'ai regardé le film :
- ☐ Au cinéma ☐ OCS
- ☐ Disney + ☐ Prime vidéo
- ☐ My canal ☐ Salto
- ☐ Netflix ☐ Autre :

Notes :

COURBE DE TENSION

TENSION
5
4
3
2
1

INTRODUCTION | PARTIE PRINCIPALE | CONCLUSION → SECTION

ÉVALUATION

👥 Personnages	☆☆☆☆☆
📜 Scénario	☆☆☆☆☆
🎵 Musique	☆☆☆☆☆
✨ Effets spéciaux	☆☆☆☆☆
🎭 Décors & costumes	☆☆☆☆☆
🖐 Note globale	☆☆☆☆☆

Vos impressions et réflexions sur le film :

Fiche Film

- 🎬 **Titre**
- 🎬 **Réalisateur/trice**
- 📅 **Année**
- 🎭 **Genre(s)**
- ⏱ **Durée**
- 🎎 **Acteurs/trices**
- 🏅 **Récompense(s)**

RÉSUMÉ

_____
_____
_____
_____
_____

INFOS COMPLÉMENTAIRES

Je regarde :
- ☐ Seul(e) ☐ En couple ☐ En famille
- ☐ Entre amis

En :
- ☐ VO ☐ VF ☐ V.........

J'ai regardé le film :
- ☐ Au cinéma ☐ OCS
- ☐ Disney + ☐ Prime vidéo
- ☐ My canal ☐ Salto
- ☐ Netflix ☐ Autre :

Notes :
_____
_____
_____

COURBE DE TENSION

TENSION
5
4
3
2
1

INTRODUCTION | PARTIE PRINCIPALE | CONCLUSION
→ SECTION

ÉVALUATION

👥 Personnages	☆☆☆☆☆
📜 Scénario	☆☆☆☆☆
🎵 Musique	☆☆☆☆☆
✨ Effets spéciaux	☆☆☆☆☆
🎭 Décors & costumes	☆☆☆☆☆
🙌 Note globale	☆☆☆☆☆

Vos impressions et réflexions sur le film :

🎬 Titre

- 🎬 Réalisateur/trice
- 🎭 Genre(s)
- 🎩 Acteurs/trices
- 🏅 Récompense(s)
- 📅 Année
- ⏱ Durée

RÉSUMÉ

INFOS COMPLÉMENTAIRES

Je regarde :
- ☐ Seul(e) ☐ En couple ☐ En famille
- ☐ Entre amis

En :
- ☐ VO ☐ VF ☐ V.........

J'ai regardé le film :
- ☐ Au cinéma ☐ OCS
- ☐ Disney + ☐ Prime vidéo
- ☐ My canal ☐ Salto
- ☐ Netflix ☐ Autre :

Notes :

COURBE DE TENSION

TENSION — 5, 4, 3, 2, 1 — INTRODUCTION / PARTIE PRINCIPALE / CONCLUSION → SECTION

ÉVALUATION

- 👥 Personnages ☆☆☆☆☆
- 📜 Scénario ☆☆☆☆☆
- 🎵 Musique ☆☆☆☆☆
- ✨ Effets spéciaux ☆☆☆☆☆
- 🎭 Décors & costumes ☆☆☆☆☆
- 🤲 Note globale ☆☆☆☆☆

Vos impressions et réflexions sur le film :

🎬 Titre		
🎬 Réalisateur/trice		📅 Année
🎭 Genre(s)		⏱ Durée
👤 Acteurs/trices		
🏅 Récompense(s)		

RÉSUMÉ

INFOS COMPLÉMENTAIRES

Je regarde :

☐ Seul(e) ☐ En couple ☐ En famille
☐ Entre amis

En :

☐ VO   ☐ VF   ☐ V………

J'ai regardé le film :

☐ Au cinéma ☐ OCS
☐ Disney +   ☐ Prime vidéo
☐ My canal   ☐ Salto
☐ Netflix   ☐ Autre :

Notes :

COURBE DE TENSION

TENSION

5 —
4 —
3 —   INTRODUCTION | PARTIE PRINCIPALE | CONCLUSION
2 —
1 —   → SECTION

ÉVALUATION

👥 Personnages	☆☆☆☆☆
📜 Scénario	☆☆☆☆☆
🎵 Musique	☆☆☆☆☆
✨ Effets spéciaux	☆☆☆☆☆
🎭 Décors & costumes	☆☆☆☆☆
🤲 Note globale	☆☆☆☆☆

Vos impressions et réflexions sur le film :

🎞️ Titre	
🎬 Réalisateur/trice	📅 Année
🎭 Genre(s)	⏱️ Durée
🕴️ Acteurs/trices	
🏅 Récompense(s)	

RÉSUMÉ

_____
_____
_____
_____

INFOS COMPLÉMENTAIRES

Je regarde :
☐ Seul(e) ☐ En couple ☐ En famille
☐ Entre amis

En :
☐ VO   ☐ VF   ☐ V.........

J'ai regardé le film :
☐ Au cinéma   ☐ OCS
☐ Disney +   ☐ Prime vidéo
☐ My canal   ☐ Salto
☐ Netflix   ☐ Autre :

Notes :

COURBE DE TENSION

TENSION
5
4
3
2
1
INTRODUCTION | PARTIE PRINCIPALE | CONCLUSION
→ SECTION

ÉVALUATION

👥 Personnages	☆☆☆☆☆
📜 Scénario	☆☆☆☆☆
🎵 Musique	☆☆☆☆☆
✨ Effets spéciaux	☆☆☆☆☆
🎭 Décors & costumes	☆☆☆☆☆
🤲 Note globale	☆☆☆☆☆

Vos impressions et réflexions sur le film :

- 🎞 Titre
- 🎬 Réalisateur/trice
- 📅 Année
- 🎭 Genre(s)
- ⏱ Durée
- 👨‍🎤 Acteurs/trices
- 🏅 Récompense(s)

RÉSUMÉ

INFOS COMPLÉMENTAIRES

Je regarde :
- ☐ Seul(e) ☐ En couple ☐ En famille
- ☐ Entre amis

En :
- ☐ VO   ☐ VF   ☐ V.........

J'ai regardé le film :
- ☐ Au cinéma   ☐ OCS
- ☐ Disney +   ☐ Prime vidéo
- ☐ My canal   ☐ Salto
- ☐ Netflix   ☐ Autre :

Notes :

COURBE DE TENSION

TENSION

5
4
3
2
1

INTRODUCTION | PARTIE PRINCIPALE | CONCLUSION

→ SECTION

ÉVALUATION

👥 Personnages	☆☆☆☆☆
📕 Scénario	☆☆☆☆☆
🎵 Musique	☆☆☆☆☆
✨ Effets spéciaux	☆☆☆☆☆
🎭 Décors & costumes	☆☆☆☆☆
🤲 Note globale	☆☆☆☆☆

Vos impressions et réflexions sur le film :

🎬 Titre

🎬 Réalisateur/trice	📅 Année
🎭 Genre(s)	⏱ Durée

🧑‍🎤 Acteurs/trices

🏅 Récompense(s)

RÉSUMÉ

INFOS COMPLÉMENTAIRES

Je regarde :

☐ Seul(e) ☐ En couple ☐ En famille
☐ Entre amis

En :
☐ VO   ☐ VF   ☐ V………

J'ai regardé le film :

☐ Au cinéma   ☐ OCS
☐ Disney +   ☐ Prime vidéo
☐ My canal   ☐ Salto
☐ Netflix   ☐ Autre :

Notes :

COURBE DE TENSION

TENSION

5
4
3
2
1

INTRODUCTION | PARTIE PRINCIPALE | CONCLUSION

→ SECTION

ÉVALUATION

👥 Personnages	☆☆☆☆☆
📜 Scénario	☆☆☆☆☆
🎵 Musique	☆☆☆☆☆
✨ Effets spéciaux	☆☆☆☆☆
🏰 Décors & costumes	☆☆☆☆☆
🤲 Note globale	☆☆☆☆☆

Vos impressions et réflexions sur le film :

🎞️ Titre	
🎬 Réalisateur/trice	📅 Année
🎭 Genre(s)	⏱️ Durée
🎖️ Acteurs/trices	
🏅 Récompense(s)	

RÉSUMÉ

INFOS COMPLÉMENTAIRES

Je regarde :

☐ Seul(e) ☐ En couple ☐ En famille
☐ Entre amis

En :

☐ VO   ☐ VF   ☐ V.........

J'ai regardé le film :

☐ Au cinéma   ☐ OCS
☐ Disney +   ☐ Prime vidéo
☐ My canal   ☐ Salto
☐ Netflix   ☐ Autre :

Notes :

COURBE DE TENSION

TENSION
5
4
3
2
1
INTRODUCTION | PARTIE PRINCIPALE | CONCLUSION → SECTION

ÉVALUATION

👥 Personnages	☆☆☆☆☆
📜 Scénario	☆☆☆☆☆
🎵 Musique	☆☆☆☆☆
✨ Effets spéciaux	☆☆☆☆☆
🎭 Décors & costumes	☆☆☆☆☆
🌟 Note globale	☆☆☆☆☆

Vos impressions et réflexions sur le film :

🎞️ Titre	
🎬 Réalisateur/trice	📅 Année
🎭 Genre(s)	⏱️ Durée
🎖️ Acteurs/trices	
🏅 Récompense(s)	

RÉSUMÉ

INFOS COMPLÉMENTAIRES

Je regarde :
- ☐ Seul(e) ☐ En couple ☐ En famille
- ☐ Entre amis

En :
- ☐ VO   ☐ VF   ☐ V.........

J'ai regardé le film :
- ☐ Au cinéma   ☐ OCS
- ☐ Disney +   ☐ Prime vidéo
- ☐ My canal   ☐ Salto
- ☐ Netflix   ☐ Autre :

Notes :

COURBE DE TENSION

TENSION
5
4
3
2
1
INTRODUCTION | PARTIE PRINCIPALE | CONCLUSION → SECTION

ÉVALUATION

👥 Personnages	☆☆☆☆☆
📜 Scénario	☆☆☆☆☆
🎵 Musique	☆☆☆☆☆
✨ Effets spéciaux	☆☆☆☆☆
🎭 Décors & costumes	☆☆☆☆☆
🤲 Note globale	☆☆☆☆☆

Vos impressions et réflexions sur le film :

- 🎞 Titre
- 🎬 Réalisateur/trice
- 📅 Année
- 🎭 Genre(s)
- ⏱ Durée
- 👨‍🎤 Acteurs/trices
- 🏅 Récompense(s)

RÉSUMÉ

INFOS COMPLÉMENTAIRES

Je regarde :
- ☐ Seul(e) ☐ En couple ☐ En famille
- ☐ Entre amis

En :
- ☐ VO   ☐ VF   ☐ V.........

J'ai regardé le film :
- ☐ Au cinéma   ☐ OCS
- ☐ Disney +   ☐ Prime vidéo
- ☐ My canal   ☐ Salto
- ☐ Netflix   ☐ Autre :

Notes :

COURBE DE TENSION

TENSION
5
4
3
2
1
— INTRODUCTION | PARTIE PRINCIPALE | CONCLUSION → SECTION

ÉVALUATION

👥 Personnages	☆☆☆☆☆
📜 Scénario	☆☆☆☆☆
🎵 Musique	☆☆☆☆☆
✨ Effets spéciaux	☆☆☆☆☆
🎭 Décors & costumes	☆☆☆☆☆
🫴 Note globale	☆☆☆☆☆

Vos impressions et réflexions sur le film :

- 🎬 Titre
- 🎬 Réalisateur/trice
- 📅 Année
- 🎭 Genre(s)
- ⏱ Durée
- 👤 Acteurs/trices
- 🏅 Récompense(s)

RÉSUMÉ

INFOS COMPLÉMENTAIRES

Je regarde :
- ☐ Seul(e) ☐ En couple ☐ En famille
- ☐ Entre amis

En :
- ☐ VO ☐ VF ☐ V.........

J'ai regardé le film :
- ☐ Au cinéma ☐ OCS
- ☐ Disney + ☐ Prime vidéo
- ☐ My canal ☐ Salto
- ☐ Netflix ☐ Autre :

Notes :

COURBE DE TENSION

TENSION
5
4
3
2
1

INTRODUCTION | PARTIE PRINCIPALE | CONCLUSION

→ SECTION

ÉVALUATION

👥 Personnages	☆☆☆☆☆
📜 Scénario	☆☆☆☆☆
🎵 Musique	☆☆☆☆☆
✨ Effets spéciaux	☆☆☆☆☆
🎭 Décors & costumes	☆☆☆☆☆
🤲 Note globale	☆☆☆☆☆

Vos impressions et réflexions sur le film :

🎞️ Titre

📽️ Réalisateur/trice   **📅 Année**

🎭 Genre(s)   **🕐 Durée**

🕵️ Acteurs/trices

🏅 Récompense(s)

RÉSUMÉ

INFOS COMPLÉMENTAIRES

Je regarde :
- ☐ Seul(e) ☐ En couple ☐ En famille
- ☐ Entre amis

En :
- ☐ VO ☐ VF ☐ V.........

J'ai regardé le film :
- ☐ Au cinéma ☐ OCS
- ☐ Disney + ☐ Prime vidéo
- ☐ My canal ☐ Salto
- ☐ Netflix ☐ Autre :

Notes :

COURBE DE TENSION

TENSION

5
4
3
2
1

INTRODUCTION | PARTIE PRINCIPALE | CONCLUSION

→ SECTION

ÉVALUATION

👥 Personnages	☆☆☆☆☆
📜 Scénario	☆☆☆☆☆
🎵 Musique	☆☆☆☆☆
✨ Effets spéciaux	☆☆☆☆☆
🎭 Décors & costumes	☆☆☆☆☆
🤲 Note globale	☆☆☆☆☆

Vos impressions et réflexions sur le film :

🎬 Titre	
🎬 Réalisateur/trice	📅 Année
🎭 Genre(s)	⏱ Durée
👤 Acteurs/trices	
🎖 Récompense(s)	

RÉSUMÉ

___

INFOS COMPLÉMENTAIRES

Je regarde :
- [ ] Seul(e) [ ] En couple [ ] En famille
- [ ] Entre amis

En :
- [ ] VO   [ ] VF   [ ] V.........

J'ai regardé le film :
- [ ] Au cinéma   [ ] OCS
- [ ] Disney +   [ ] Prime vidéo
- [ ] My canal   [ ] Salto
- [ ] Netflix   [ ] Autre :

Notes :

COURBE DE TENSION

```
TENSION
  5
  4    INTRODUCTION | PARTIE PRINCIPALE | CONCLUSION
  3
  2
  1                                              → SECTION
```

ÉVALUATION

👥 Personnages	☆☆☆☆☆
📜 Scénario	☆☆☆☆☆
🎵 Musique	☆☆☆☆☆
✨ Effets spéciaux	☆☆☆☆☆
🎭 Décors & costumes	☆☆☆☆☆
🌟 Note globale	☆☆☆☆☆

Vos impressions et réflexions sur le film :

🎞️ Titre

🎬 Réalisateur/trice	📅 Année
🎭 Genre(s)	⏱️ Durée
👤 Acteurs/trices	
🏅 Récompense(s)	

RÉSUMÉ

___

INFOS COMPLÉMENTAIRES

Je regarde :
- ☐ Seul(e) ☐ En couple ☐ En famille
- ☐ Entre amis

En :
- ☐ VO ☐ VF ☐ V.........

J'ai regardé le film :
- ☐ Au cinéma   ☐ OCS
- ☐ Disney +   ☐ Prime vidéo
- ☐ My canal   ☐ Salto
- ☐ Netflix   ☐ Autre :

Notes :

COURBE DE TENSION

TENSION

5
4
3
2
1

INTRODUCTION | PARTIE PRINCIPALE | CONCLUSION

→ SECTION

ÉVALUATION

👥 Personnages	☆☆☆☆☆
📜 Scénario	☆☆☆☆☆
🎵 Musique	☆☆☆☆☆
✨ Effets spéciaux	☆☆☆☆☆
🎭 Décors & costumes	☆☆☆☆☆
🖐️ Note globale	☆☆☆☆☆

Vos impressions et réflexions sur le film :

🎬 Titre

🎬 Réalisateur/trice — **📅 Année**

🎭 Genre(s) — **⏱ Durée**

👤 Acteurs/trices

🏅 Récompense(s)

RÉSUMÉ

INFOS COMPLÉMENTAIRES

Je regarde :
- ☐ Seul(e) ☐ En couple ☐ En famille
- ☐ Entre amis

En :
- ☐ VO ☐ VF ☐ V.........

J'ai regardé le film :
- ☐ Au cinéma ☐ OCS
- ☐ Disney + ☐ Prime vidéo
- ☐ My canal ☐ Salto
- ☐ Netflix ☐ Autre :

Notes :

COURBE DE TENSION

TENSION

5
4
3
2
1

INTRODUCTION | PARTIE PRINCIPALE | CONCLUSION → SECTION

ÉVALUATION

👥 Personnages	☆☆☆☆☆
📜 Scénario	☆☆☆☆☆
🎵 Musique	☆☆☆☆☆
✨ Effets spéciaux	☆☆☆☆☆
🎭 Décors & costumes	☆☆☆☆☆
🤲 Note globale	☆☆☆☆☆

Vos impressions et réflexions sur le film :

- 🎞️ Titre
- 🎬 Réalisateur/trice
- 📅 Année
- 🎭 Genre(s)
- ⏱️ Durée
- 👤 Acteurs/trices
- 🏅 Récompense(s)

RÉSUMÉ

INFOS COMPLÉMENTAIRES

Je regarde :
- ☐ Seul(e) ☐ En couple ☐ En famille
- ☐ Entre amis

En :
- ☐ VO   ☐ VF   ☐ V.........

J'ai regardé le film :
- ☐ Au cinéma   ☐ OCS
- ☐ Disney +   ☐ Prime vidéo
- ☐ My canal   ☐ Salto
- ☐ Netflix   ☐ Autre :

Notes :

COURBE DE TENSION

TENSION
5
4
3
2
1
INTRODUCTION | PARTIE PRINCIPALE | CONCLUSION → SECTION

ÉVALUATION

- 👥 Personnages ☆☆☆☆☆
- 📜 Scénario ☆☆☆☆☆
- 🎵 Musique ☆☆☆☆☆
- ✨ Effets spéciaux ☆☆☆☆☆
- 🎭 Décors & costumes ☆☆☆☆☆
- 🤲 Note globale ☆☆☆☆☆

Vos impressions et réflexions sur le film :

🎬 Titre

🎬 Réalisateur/trice	📅 Année
🎭 Genre(s)	🕐 Durée
👤 Acteurs/trices	
🏅 Récompense(s)	

RÉSUMÉ

INFOS COMPLÉMENTAIRES

Je regarde :
- ☐ Seul(e) ☐ En couple ☐ En famille
- ☐ Entre amis

En :
- ☐ VO   ☐ VF   ☐ V.........

J'ai regardé le film :
- ☐ Au cinéma   ☐ OCS
- ☐ Disney +   ☐ Prime vidéo
- ☐ My canal   ☐ Salto
- ☐ Netflix   ☐ Autre :

Notes :

COURBE DE TENSION

TENSION

5
4
3
2
1

INTRODUCTION — PARTIE PRINCIPALE — CONCLUSION

→ SECTION

ÉVALUATION

👥 Personnages	☆☆☆☆☆
📜 Scénario	☆☆☆☆☆
🎵 Musique	☆☆☆☆☆
✨ Effets spéciaux	☆☆☆☆☆
🎭 Décors & costumes	☆☆☆☆☆
🤲 Note globale	☆☆☆☆☆

Vos impressions et réflexions sur le film :

- 🎬 Titre
- 🎬 Réalisateur/trice
- 📅 Année
- 🎭 Genre(s)
- ⏱️ Durée
- 🕵️ Acteurs/trices
- 🏅 Récompense(s)

RÉSUMÉ

INFOS COMPLÉMENTAIRES

Je regarde :
- ☐ Seul(e) ☐ En couple ☐ En famille
- ☐ Entre amis

En :
- ☐ VO ☐ VF ☐ V………

J'ai regardé le film :
- ☐ Au cinéma ☐ OCS
- ☐ Disney + ☐ Prime vidéo
- ☐ My canal ☐ Salto
- ☐ Netflix ☐ Autre :

Notes :

COURBE DE TENSION

TENSION

5
4
3
2
1

INTRODUCTION | PARTIE PRINCIPALE | CONCLUSION

→ SECTION

ÉVALUATION

👥 Personnages	☆☆☆☆☆
📜 Scénario	☆☆☆☆☆
🎵 Musique	☆☆☆☆☆
✨ Effets spéciaux	☆☆☆☆☆
🎭 Décors & costumes	☆☆☆☆☆
🤝 Note globale	☆☆☆☆☆

Vos impressions et réflexions sur le film :

🎬 Titre

🎬 Réalisateur/trice		📅 Année
🎭 Genre(s)		🕐 Durée
👨‍🎤 Acteurs/trices		
🏅 Récompense(s)		

RÉSUMÉ

INFOS COMPLÉMENTAIRES

Je regarde :

☐ Seul(e) ☐ En couple ☐ En famille
☐ Entre amis

En :

☐ VO   ☐ VF   ☐ V.........

J'ai regardé le film :

☐ Au cinéma   ☐ OCS
☐ Disney +   ☐ Prime vidéo
☐ My canal   ☐ Salto
☐ Netflix   ☐ Autre :

Notes :

COURBE DE TENSION

TENSION

5
4
3
2
1

INTRODUCTION | PARTIE PRINCIPALE | CONCLUSION

→ SECTION

ÉVALUATION

👥 Personnages	☆☆☆☆☆
📜 Scénario	☆☆☆☆☆
🎵 Musique	☆☆☆☆☆
✨ Effets spéciaux	☆☆☆☆☆
🎭 Décors & costumes	☆☆☆☆☆
🤲 Note globale	☆☆☆☆☆

Vos impressions et réflexions sur le film :

🎞 Titre	
🎬 Réalisateur/trice	📅 Année
🎭 Genre(s)	⏱ Durée
🕵 Acteurs/trices	
🏅 Récompense(s)	

RÉSUMÉ

INFOS COMPLÉMENTAIRES

Je regarde :

☐ Seul(e) ☐ En couple ☐ En famille
☐ Entre amis

En :
☐ VO   ☐ VF   ☐ V.........

J'ai regardé le film :

☐ Au cinéma   ☐ OCS
☐ Disney +   ☐ Prime vidéo
☐ My canal   ☐ Salto
☐ Netflix   ☐ Autre :

Notes :

COURBE DE TENSION

TENSION

5
4
3
2
1

INTRODUCTION — PARTIE PRINCIPALE — CONCLUSION

→ SECTION

ÉVALUATION

👥 Personnages	☆☆☆☆☆
📜 Scénario	☆☆☆☆☆
🎵 Musique	☆☆☆☆☆
✨ Effets spéciaux	☆☆☆☆☆
🎭 Décors & costumes	☆☆☆☆☆
🖐 Note globale	☆☆☆☆☆

Vos impressions et réflexions sur le film :

🎞 Titre	
🎬 Réalisateur/trice	📅 Année
🎭 Genre(s)	⏱ Durée
👤 Acteurs/trices	
🏅 Récompense(s)	

RÉSUMÉ

INFOS COMPLÉMENTAIRES

Je regarde :

☐ Seul(e) ☐ En couple ☐ En famille
☐ Entre amis

En :
☐ VO ☐ VF ☐ V.........

J'ai regardé le film :
☐ Au cinéma ☐ OCS
☐ Disney + ☐ Prime vidéo
☐ My canal ☐ Salto
☐ Netflix ☐ Autre :

Notes :

COURBE DE TENSION

TENSION
5
4
3
2
1
INTRODUCTION | PARTIE PRINCIPALE | CONCLUSION
→ SECTION

ÉVALUATION

👥 Personnages	☆☆☆☆☆
📜 Scénario	☆☆☆☆☆
🎵 Musique	☆☆☆☆☆
✨ Effets spéciaux	☆☆☆☆☆
🎭 Décors & costumes	☆☆☆☆☆
🏆 Note globale	☆☆☆☆☆

Vos impressions et réflexions sur le film :

🎞 Titre

🎬 Réalisateur/trice	📅 Année
🎭 Genre(s)	🕐 Durée

🎓 Acteurs/trices

🏅 Récompense(s)

RÉSUMÉ

INFOS COMPLÉMENTAIRES

Je regarde :
- ☐ Seul(e) ☐ En couple ☐ En famille
- ☐ Entre amis

En :
- ☐ VO ☐ VF ☐ V.........

J'ai regardé le film :
- ☐ Au cinéma ☐ OCS
- ☐ Disney + ☐ Prime vidéo
- ☐ My canal ☐ Salto
- ☐ Netflix ☐ Autre :

Notes :

COURBE DE TENSION

TENSION
5
4
3
2
1
→ SECTION

INTRODUCTION | PARTIE PRINCIPALE | CONCLUSION

ÉVALUATION

👥 Personnages	☆☆☆☆☆
📜 Scénario	☆☆☆☆☆
🎵 Musique	☆☆☆☆☆
✨ Effets spéciaux	☆☆☆☆☆
🎭 Décors & costumes	☆☆☆☆☆
🤲 Note globale	☆☆☆☆☆

Vos impressions et réflexions sur le film :

- 🎬 Titre
- 🎬 Réalisateur/trice
- 📅 Année
- 🎭 Genre(s)
- ⏱ Durée
- 🕵 Acteurs/trices
- 🏅 Récompense(s)

RÉSUMÉ

INFOS COMPLÉMENTAIRES

Je regarde :
- ☐ Seul(e) ☐ En couple ☐ En famille
- ☐ Entre amis

En :
- ☐ VO   ☐ VF   ☐ V.........

J'ai regardé le film :
- ☐ Au cinéma   ☐ OCS
- ☐ Disney +   ☐ Prime vidéo
- ☐ My canal   ☐ Salto
- ☐ Netflix   ☐ Autre :

Notes :

COURBE DE TENSION

TENSION
5
4
3
2
1
INTRODUCTION | PARTIE PRINCIPALE | CONCLUSION
→ SECTION

ÉVALUATION

👥 Personnages	☆☆☆☆☆
📜 Scénario	☆☆☆☆☆
🎵 Musique	☆☆☆☆☆
✨ Effets spéciaux	☆☆☆☆☆
🎭 Décors & costumes	☆☆☆☆☆
🏆 Note globale	☆☆☆☆☆

Vos impressions et réflexions sur le film :

- 🎞 Titre
- 🎬 Réalisateur/trice
- 🎭 Genre(s)
- 🕵 Acteurs/trices
- 🏅 Récompense(s)
- 📅 Année
- ⏱ Durée

RÉSUMÉ

INFOS COMPLÉMENTAIRES

Je regarde :
- ☐ Seul(e) ☐ En couple ☐ En famille
- ☐ Entre amis

En :
- ☐ VO ☐ VF ☐ V.........

J'ai regardé le film :
- ☐ Au cinéma ☐ OCS
- ☐ Disney + ☐ Prime vidéo
- ☐ My canal ☐ Salto
- ☐ Netflix ☐ Autre :

Notes :

COURBE DE TENSION

TENSION
5
4
3
2
1

INTRODUCTION | PARTIE PRINCIPALE | CONCLUSION

→ SECTION

ÉVALUATION

👥 Personnages	☆☆☆☆☆
📕 Scénario	☆☆☆☆☆
🎵 Musique	☆☆☆☆☆
✨ Effets spéciaux	☆☆☆☆☆
🏛 Décors & costumes	☆☆☆☆☆
🤲 Note globale	☆☆☆☆☆

Vos impressions et réflexions sur le film :

🎞️ Titre	
🎬 Réalisateur/trice	📅 Année
🎭 Genre(s)	⏱️ Durée
👤 Acteurs/trices	
🏅 Récompense(s)	

RÉSUMÉ

INFOS COMPLÉMENTAIRES

Je regarde :

☐ Seul(e) ☐ En couple ☐ En famille
☐ Entre amis

En :
☐ VO   ☐ VF   ☐ V.........

J'ai regardé le film :

☐ Au cinéma ☐ OCS
☐ Disney +   ☐ Prime vidéo
☐ My canal   ☐ Salto
☐ Netflix   ☐ Autre :

Notes :

COURBE DE TENSION

TENSION
5
4
3
2
1
INTRODUCTION | PARTIE PRINCIPALE | CONCLUSION
→ SECTION

ÉVALUATION

👥 Personnages	☆☆☆☆☆
📜 Scénario	☆☆☆☆☆
🎵 Musique	☆☆☆☆☆
✨ Effets spéciaux	☆☆☆☆☆
🎭 Décors & costumes	☆☆☆☆☆
🤲 Note globale	☆☆☆☆☆

Vos impressions et réflexions sur le film :

🎞 Titre

- 🎬 Réalisateur/trice
- 🎭 Genre(s)
- 🕵 Acteurs/trices
- 🏅 Récompense(s)
- 📅 Année
- ⏱ Durée

RÉSUMÉ

INFOS COMPLÉMENTAIRES

Je regarde :
- ☐ Seul(e) ☐ En couple ☐ En famille
- ☐ Entre amis

En :
- ☐ VO   ☐ VF   ☐ V.........

J'ai regardé le film :
- ☐ Au cinéma   ☐ OCS
- ☐ Disney +   ☐ Prime vidéo
- ☐ My canal   ☐ Salto
- ☐ Netflix   ☐ Autre :

Notes :

COURBE DE TENSION

TENSION
- 5
- 4
- 3
- 2
- 1

INTRODUCTION | PARTIE PRINCIPALE | CONCLUSION → SECTION

ÉVALUATION

- 👥 Personnages   ☆☆☆☆☆
- 📜 Scénario   ☆☆☆☆☆
- 🎵 Musique   ☆☆☆☆☆
- ✨ Effets spéciaux ☆☆☆☆☆
- 🎭 Décors & costumes ☆☆☆☆☆
- 🤲 Note globale ☆☆☆☆☆

Vos impressions et réflexions sur le film :

🎞 Titre

🎬 Réalisateur/trice | 📅 Année
🎭 Genre(s) | 🕐 Durée
🕵 Acteurs/trices
🏅 Récompense(s)

RÉSUMÉ

INFOS COMPLÉMENTAIRES

Je regarde :
- [ ] Seul(e) [ ] En couple [ ] En famille
- [ ] Entre amis

En :
- [ ] VO   [ ] VF   [ ] V.........

J'ai regardé le film :
- [ ] Au cinéma   [ ] OCS
- [ ] Disney +   [ ] Prime vidéo
- [ ] My canal   [ ] Salto
- [ ] Netflix   [ ] Autre :

Notes :

COURBE DE TENSION

TENSION
5
4
3
2
1 → SECTION

INTRODUCTION | PARTIE PRINCIPALE | CONCLUSION

ÉVALUATION

👥 Personnages	☆☆☆☆☆
📜 Scénario	☆☆☆☆☆
🎵 Musique	☆☆☆☆☆
✨ Effets spéciaux	☆☆☆☆☆
🎭 Décors & costumes	☆☆☆☆☆
🤲 Note globale	☆☆☆☆☆

Vos impressions et réflexions sur le film :

🎬 Titre

🎬 Réalisateur/trice	📅 Année
🎭 Genre(s)	⏱ Durée
🕵 Acteurs/trices	
🏅 Récompense(s)	

RÉSUMÉ

INFOS COMPLÉMENTAIRES

Je regarde :
- ☐ Seul(e) ☐ En couple ☐ En famille
- ☐ Entre amis

En :
- ☐ VO   ☐ VF   ☐ V.........

J'ai regardé le film :
- ☐ Au cinéma   ☐ OCS
- ☐ Disney +   ☐ Prime vidéo
- ☐ My canal   ☐ Salto
- ☐ Netflix   ☐ Autre :

Notes :

COURBE DE TENSION

TENSION
5
4
3
2
1
INTRODUCTION | PARTIE PRINCIPALE | CONCLUSION
→ SECTION

ÉVALUATION

👥 Personnages	☆☆☆☆☆
📄 Scénario	☆☆☆☆☆
🎵 Musique	☆☆☆☆☆
✨ Effets spéciaux	☆☆☆☆☆
🎭 Décors & costumes	☆☆☆☆☆
🤲 Note globale	☆☆☆☆☆

Vos impressions et réflexions sur le film :

Mes films préférés

Écris ou fais un dessin

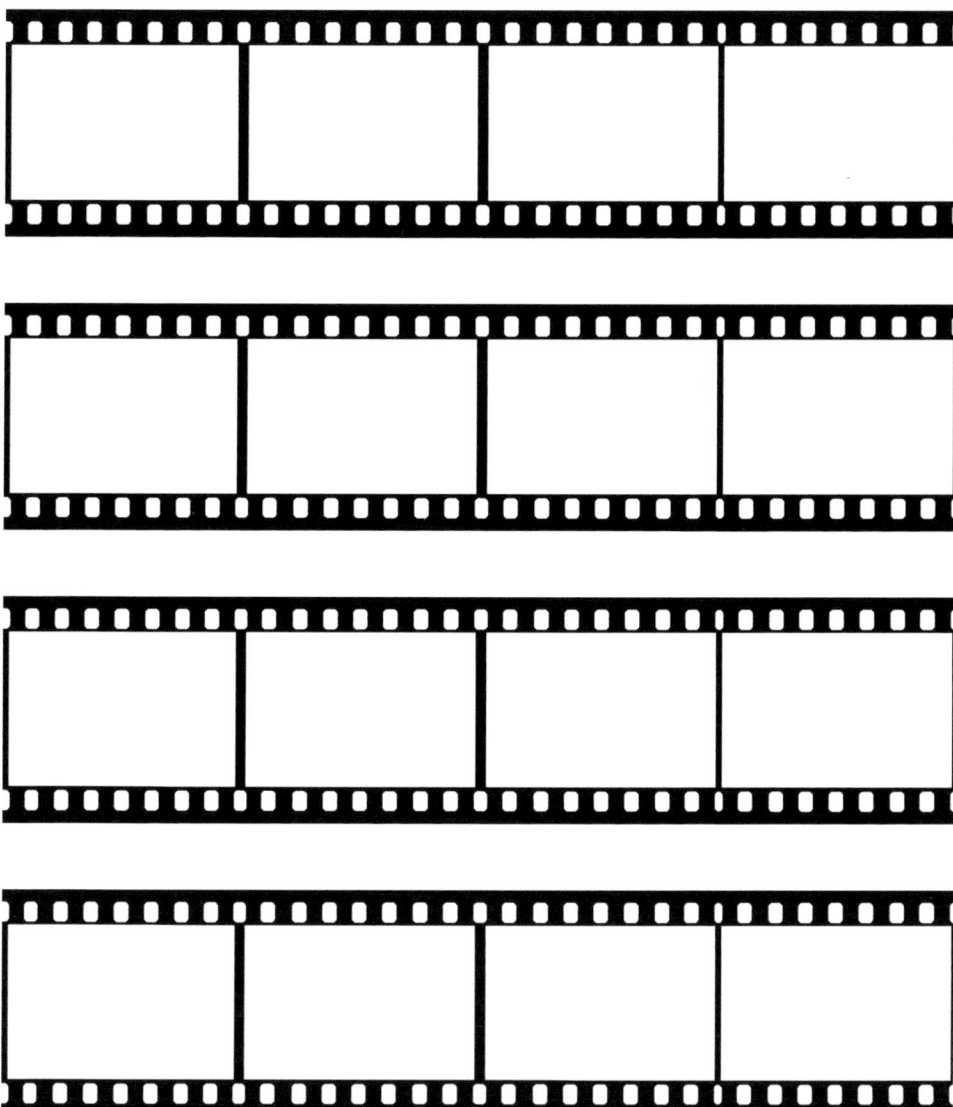

Mes films préférés

Écris ou fais un dessin

Mes films préférés

Écris ou fais un dessin

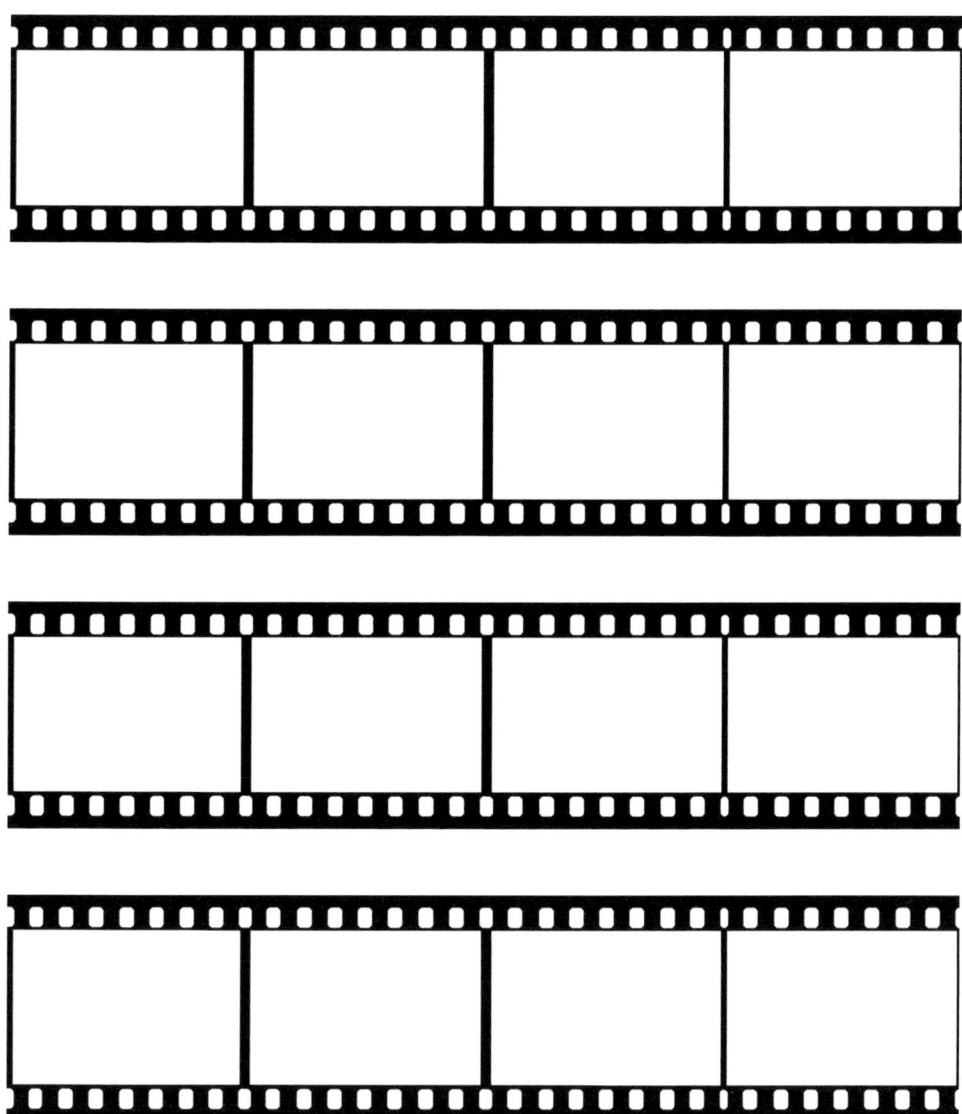

Mes films préférés

Écris ou fais un dessin

© 2022, Magali Ligan
Édition : BoD - Books on Demand, info@bod.fr

Impression : BoD - Books on Demand, In de Tarpen 42,
Norderstedt (Allemagne)

Impression à la demande
ISBN EST : 978-2-3224-5660-4
Dépôt légal : novembre 2022